Mira adentro:
Tu esqueleto
y *tus músculos*

TIME FOR KIDS

Ben Williams

Asesor

Timothy Rasinski, Ph.D.
Kent State University

Créditos

Dona Herweck Rice, *Gerente de redacción*
Robin Erickson, *Directora de diseño y producción*
Lee Aucoin, *Directora creativa*
Conni Medina, M.A.Ed., *Directora editorial*
Ericka Paz, *Editora asistente*
Stephanie Reid, *Editora de fotos*
Rachelle Cracchiolo, M.S.Ed., *Editora comercial*

Teacher Created Materials

5301 Oceanus Drive
Huntington Beach, CA 92649-1030
http://www.tcmpub.com

ISBN 978-1-4333-4456-5

© 2012 Teacher Created Materials, Inc.

Tabla de contenido

El esqueleto y los músculos...................... 4

Todo acerca del esqueleto........................ 8

Todo acerca de los músculos.................. 18

Cómo tener huesos y músculos
      fuertes 26

Glosario 28

3

El esqueleto y los músculos

Imagina que no tuvieras **esqueleto** ni **músculos**. ¿Cómo estarías de pie? ¿Cómo te moverías?

¿Cómo lanzarías una pelota, te tocarías los pies o parpadearías?

La respuesta es que no podrías hacer ninguna de estas cosas. Necesitas un esqueleto y músculos para lograr todo lo que quieres hacer.

El esqueleto y los músculos trabajan
juntos. Te ayudan a mantener tu forma y
permiten que te muevas.

Todo acerca del esqueleto

Si te observas en el espejo, te darás una idea del aspecto que el esqueleto tiene debajo de la piel.

Hay huesos en todas las partes del cuerpo. Los huesos se unen para formar el esqueleto que te da tu tamaño y forma.

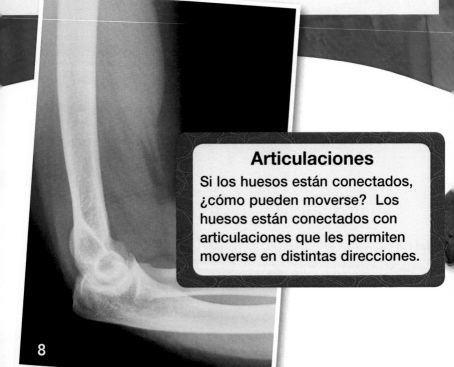

Articulaciones

Si los huesos están conectados, ¿cómo pueden moverse? Los huesos están conectados con articulaciones que les permiten moverse en distintas direcciones.

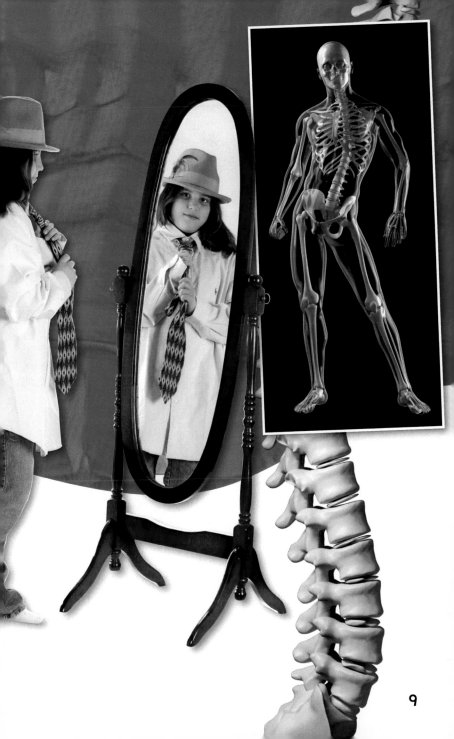

Cada hueso del cuerpo tiene una función importante.

Unos huesos te protegen. El cráneo es uno de estos huesos. Protege el cerebro.

Otros huesos te dan forma. Las costillas le dan forma al pecho y también protegen el corazón, los pulmones, el estómago y el hígado.

Algunos huesos te sostienen. El fémur es el hueso del muslo. Te ayuda a sostenerte de pie.

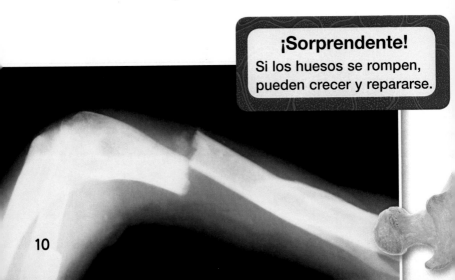

¡Sorprendente!
Si los huesos se rompen, pueden crecer y repararse.

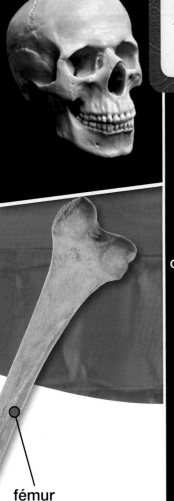

fémur

El cráneo parece ser un solo hueso, pero en realidad está formado por 28 huesos. Los huesos del cráneo se unen como piezas de un rompecabezas.

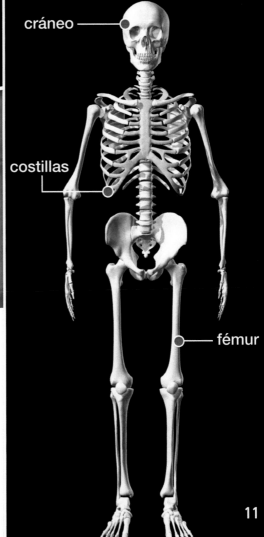

cráneo

costillas

fémur

11

Los huesos hacen otra cosa muy importante. Ayudan a producir sangre.

En el interior de los huesos hay médula, una sustancia suave como gelatina. La médula ósea produce nueva sangre para el cuerpo.

La médula ósea también almacena **nutrientes** para el cuerpo.

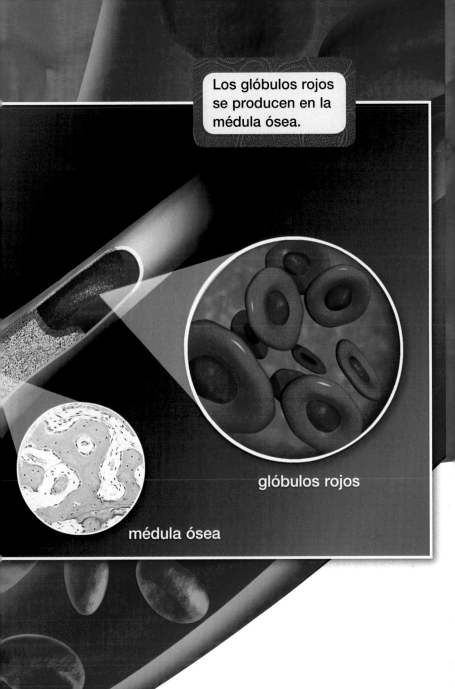

Los glóbulos rojos se producen en la médula ósea.

glóbulos rojos

médula ósea

Los huesos son suaves en el interior, pero muy duros por fuera. Están hechos de algunos de los mismos materiales que forman las rocas. Estos materiales se llaman **minerales**.

Comparados con el resto del cuerpo, los huesos son muy secos. Gran parte del cuerpo está formada por agua, pero sólo una pequeña parte del esqueleto tiene agua.

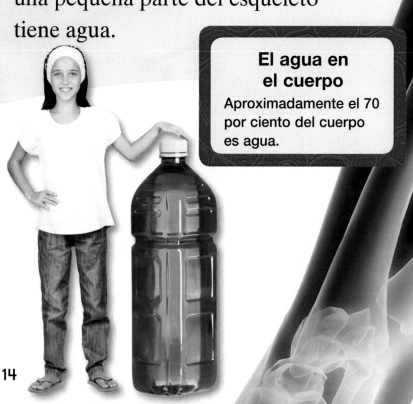

El agua en el cuerpo

Aproximadamente el 70 por ciento del cuerpo es agua.

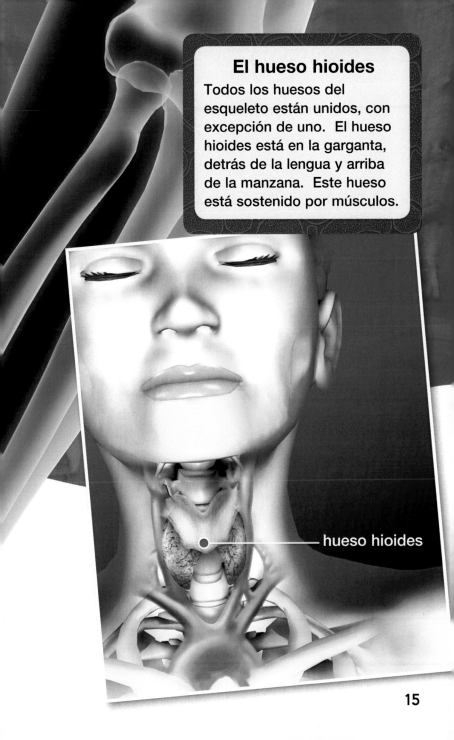

El hueso hioides

Todos los huesos del esqueleto están unidos, con excepción de uno. El hueso hioides está en la garganta, detrás de la lengua y arriba de la manzana. Este hueso está sostenido por músculos.

hueso hioides

15

Conforme creces, el cuerpo aumenta de tamaño. Al crecer también aumentan muchas cosas: más dientes, más cabello, mayor estatura y mayor peso.

Pero no tienes más huesos. En realidad, ¡tienes menos!

Más pequeño y más grande

El hueso más pequeño que tienes está en tu oído. Se llama el estribo y te ayuda a escuchar. El hueso más grande que tienes es el fémur en tu muslo. (Ve a la página 11 para una imagen de un fémur.)

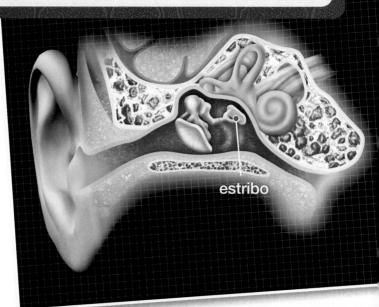

estribo

La mayoría de los huesos se vuelven más grandes y largos a medida que creces. Otros se unen para formar un mismo hueso. Así, un bebé tiene más de 300 huesos, pero un adulto sólo tiene 206.

¡Te encogiste!

Tienes menor estatura por la noche que por la mañana. Durante el día, la **gravedad** hace que el espacio entre los huesos de la espalda se cierre y te encoges un poco. De noche, estos espacios absorben agua y vuelves a estirarte.

¿Cuál de estas partes del cuerpo está formada principalmente por músculos?

- lengua
- corazón
- labios
- estómago

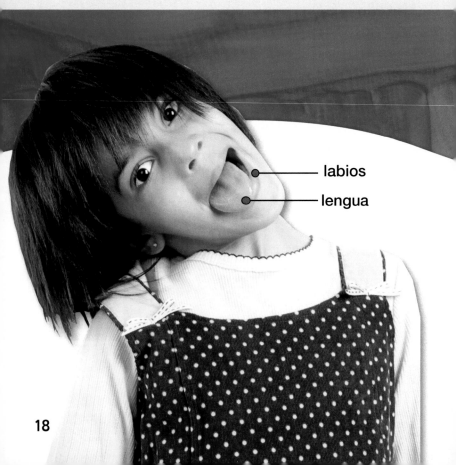

labios

lengua

corazón

estómago

La respuesta es, ¡todas! Estas
partes del cuerpo tienen varios músculos
que les ayudan a realizar sus funciones.
Si no tuvieran músculos, no podrían
hacer nada.

19

¿Qué son los músculos? Son las partes del cuerpo que mueven los huesos y hacen funcionar órganos como el corazón y el estómago. También están presentes en las paredes de los **vasos sanguíneos** para transportar la sangre.

Hay más de 650 músculos en el cuerpo humano. Los músculos representan poco menos de la mitad del peso total del cuerpo. Entonces, si pesas 60 libras, tus músculos pesan unas 25 libras.

¡Sonríe!
¿Sabías que se necesitan más músculos para fruncir el ceño que para sonreír?

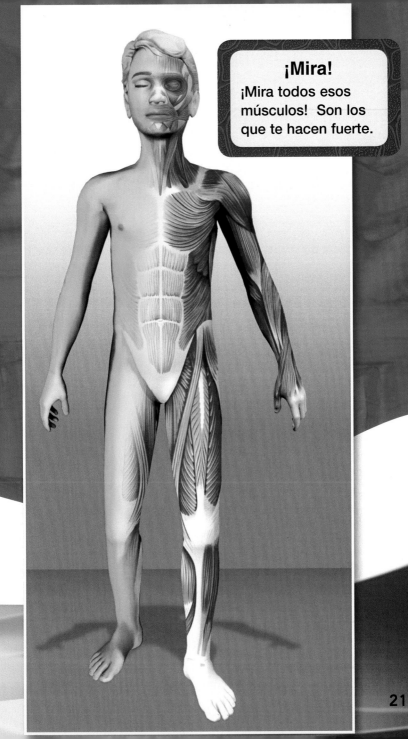

¡Mira!
¡Mira todos esos músculos! Son los que te hacen fuerte.

Los músculos están formados por cientos o miles de pequeñas fibras que pueden estirarse y volver a su forma original, como una liga elástica. Estas fibras permiten que los huesos se muevan.

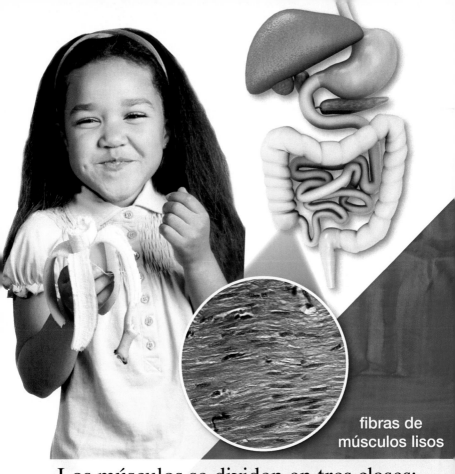

fibras de
músculos lisos

Los músculos se dividen en tres clases: lisos, cardiacos y esqueléticos. Los **músculos lisos** se encuentran principalmente en los órganos del cuerpo y en algunos vasos sanguíneos. Realizan actividades del cuerpo sin que tengas que pensar en ellas, como digerir los alimentos y transportar la sangre.

Los **músculos cardiacos** están en el corazón. Hacen que funcione el corazón.

Cardiaco es lo que tiene que ver con el corazón.

fibras de músculos cardiacos

Esquelético se refiere a los huesos.

fibras de músculos esqueléticos

Los **músculos esqueléticos**, o estriados, están conectados a los huesos. Se usan para mover partes del cuerpo, como piernas, brazos, cuello y dedos.

Cómo tener huesos y músculos fuertes

¿Cómo crecen y se fortalecen los huesos y músculos? El ejercicio los hace crecer y los mantiene en buenas condiciones. Entre más los uses, más fuertes serán y más energía tendrán.

Debes hacer ejercicio todos los días. Correr y saltar son dos buenas maneras de mantener los huesos y músculos fuertes y saludables.

¿Cuál es el más fuerte?

¿Cuál es el músculo más fuerte? El de la mandíbula, pues hace ejercicio cada vez que comes o hablas.

músculo de la mandíbula

Los huesos y músculos también requieren buena alimentación. Con buenos alimentos se mantendrán fuertes y sanos durante mucho tiempo.

¡Qué fuerte!

Los músculos permiten levantar objetos pesados. El mayor peso levantado por un ser humano fue de 6,270 libras. Un hombre llamado Paul Anderson levantó este peso en 1957.

Glosario

esqueleto—los huesos conectados de un humano o de un animal

gravedad—la fuerza invisible que mantiene a las personas sobre la Tierra

minerales—las combinaciones de átomos y moléculas que forman las partes básicas de las rocas, los huesos y otras partes del cuerpo

músculos—las partes del cuerpo formadas por largas fibras que se estiran y doblan, permiten el movimiento del cuerpo y de los órganos

músculos cardiacos—los músculos en el corazón que hacen funcionar el corazón

músculos esqueléticos—los músculos que están conectados a los huesos

músculos lisos—los músculos involuntarios que se encuentran por todo el cuerpo

nutrientes—las sustancias que ayudan a seres humanos, animales y plantas a crecer

vasos sanguíneos—los tubos que recorren el cuerpo para transportar la sangre al corazón